꽃들에게 길을 묻다

이경은 시집

시와
사람

© 이경은, 2024

이 책의 저작권은 저자에게 있습니다.
저작권에 의해 보호를 받는 저작물이므로 출판사와 저자의 허락 없이 무단 전재와 복제를 금합니다.

꽃들에게 길을 묻다

■시인의 말

꽃들에게 길을 묻다
꽃의 울음소리를 들었다
백석의 나타샤를 꿈꾸던 1980년대 꽃들이 그랬다,

주름 하나
표정 셋 넷
이야기 열하나
손마디에 박힌 골진 시간 속
꽃들에게 길을 묻다
꽃의 법문을 들었다
그러던 어느 날 세상의 꽃들이 나의 서사를 그려주었다

보성 율포항 바닷가 모래알은 순하다
그래서 자신의 숨결과 맞은 순한 호흡을 가진 사람들이 모여 든다
평생 동안 짠물을 뒤집어쓰고 해탈한 모래알
썰물 때나 밀물 때도 그 자리를 지켜낸다
모래밭에는 맨발 아닌 사람이 없다

불경不敬한 곳 밟아온 신발을 신고 그 모래알을 밟는데 저어되기 때문이다.
　삼백 날을 출렁여도 큰 소리 한번 치지 않은 순한 파도를 보고 배워서일 것이다

　나의 시도 순하다
　배꼽 밑에 새끼를 품고 있는 호박꽃 마냥 순한 웃음소리를 들려주려고 한다
　세상의 꽃들이 나의 문학적, 학문적 은밀한 은유를 들어 주었으며, 나의 시가 깊고 긴 호흡과 찰진 맛을 우려내는 근육으로 성장하길 지지해 주었다.
　무례하도록 순한 한 편의 시가
　꽃들에게 길을 물어 이정표를 찾아 갈 수 있기를 희망하며, 시대적 탄압과 사회적 부조리에 저항하는 힘이 되어주지 못함이 부끄럽다.

　펜을 들 수 있도록 도와주신 문화재단에 감사드리며, 시와사람 가족들께도 감사드린다.

2024년 가을　이경은

꽃들에게 길을 묻다 / 차례

시인의 말 · 6

제1부 둥근 물음표

16 둥근 물음표
17 너만 괜찮다면
18 님아, 그 날처럼
19 거울에 비친 시간을 읽다
20 너에게 물들고 싶다
21 붉은 흉터 자리
22 한번쯤 붉어도 된다
23 당신을 향해 피운 꽃
24 사람들은 모두 연꽃으로 산다
25 바다로 가는 꽃
26 환상
27 구겨진 왕관
28 대답을 하지 못했다
29 가시나무 머리 위에서

제2부 밉게 생긴 꽃

밉게 생긴 꽃　32
세상의 모든 어미들　33
그 향기로 일어서는　34
뒤돌아 보아야 피는　35
팽목항 개나리꽃들　36
황무지에 휘날리는 깃발　38
그러므로, 이 한 송이　39
울타리에 기대어서　40
붉은눈물로 지는　41
잔향殘香만리　42
여신의 이름으로　43
지워진 노래　44
할머니 꽃　46
영원이란 말은 어디에서 오는가　47
백년손님 오시다　48
해탈을 기다리는 돌담 집　49
배가 열렸다　52
꽃 지듯 가거라　53

제3부 도라지꽃이 불경일 때가 있었다

54   도라지꽃이 불경일 때가 있었다
55   먼 길을 갈 때 불두화가 피었다
56   그 곳에서 걸음을 멈췄다
57   이번 생은 여기까지
58   길에서 만난 비구승 같이
59   앉아서 멀리 보는
60   그 동창생 생각이 났다
62   그녀의 성형 비밀을 알고있다
63   접시꽃이 피던 날
64   엽서보다 짧은 편지를 썼다
65   찔레꽃 하얀꽃
66   환하고 붉었던 기억
67   꽃이 피었습니다
68   거기, 할미꽃이 피었다
69   시인꽃

제4부 섬 보다 느린 여자

어떤 수행 72
멍이들다 74
不法 그리고 佛法 76
어머니의 공空 77
절간 78
진순이네 집 79
섬보다 느린 여자 80
섬의 언덕 82
민낯 84
푸른학당 86
실수 88
비닐하우스 화원 89
일상들 90
여사님의 운전면허증 91

제5부 수평선에서 몸을 섞다

94   수평선에서 몸을 섞다
96   참, 철없는 바람
97   돌하르방
98   유책사유자
99   벌거벗은 임금님
100 피노키오 코에 촛불을
102 너에게로 가는 길
104 여우와 두루미의 합창
105 밤골댁
106 해남에 살으라
108 한 뼘
109 시詩 농사
110 도내기 시장에 꽃이 피면
112 간이역 가는 날
114 가당키나 하는 일입니까
115 머슴들
116 원룸 그, 큰 살림

작품론
120 서정과 서사 사이에 꽃이 핀다 / 강경호

꽃들에게 길을 묻다

제1부

둥근 물음표

둥근 물음표
- 해바라기 2

얼마나 더 바라보면
너처럼 둥그러질까

얼마나 더 무릎을 꿇어야
너처럼 고개를 숙일 수 있을까

얼마나 더 햇볕에 서 있어야
너처럼 익혀질까

한 뼘 마음 밭을 가꾸는데
몇 겁의 세월이 필요할까

너만 괜찮다면
- 들국화

너만 괜찮다면
너에게 빠져도 될까

너만 괜찮다면
너 따라 가버려도 될까

양지뜸 소나무 숲 언덕배기
툭 트인 들녘에서
바람에 흔들리고 싶다

사랑하는 이여
너만 괜찮다면
명함도
문패도 아무 소용없이
세상에서 가장 순한 얼굴로
흔들리며 서 있고 싶다.

님아, 그 날처럼
- 달맞이꽃

님아, 그 날처럼
구이저수지에 겁 없이 달빛이 뛰어들까
모악산 이슬 밭에 풀벌레 소리 내던 달맞이꽃 피었을까
달맞이 꽃처럼 바라보던 우리가
모악산 달빛처럼 저물고 있는 시간
이제는 고백해도 될까

님아, 그 날처럼
그리움이 꽃이 된다는 전설을 지킬 수 있을까
우리의 고백이 달맞이꽃처럼
주름진 이마를 짚어주는
사랑이 될 수 있을까
내가 당신 뜰에서 피었다
석양처럼 저물어 가고
모악산 저수지의 달빛이
그리움이 되는 날
우리 달맞이꽃으로 피어
먼 데를 바라볼 수 있을까.

거울에 비친 시간을 읽다
- 배롱나무꽃

백일기도 입재에든 배롱나무꽃
환하게 불을 켰습니다

사평들녘이 벌겋게 불길에 휩싸이고
아스팔트가 검은 땀을 흘려 내리고
채석장 노역의 얼굴들이 벌겋게 달아오르고
주암댐 매운탕 뚝배기가 팔팔 끓어오르는 것도
배롱나무 꽃이 불을 질렀기 때문입니다

배롱나무 꽃에 달궈진 차량 몇 대 숲정이에 멈춰서고
들녘은 꽃잎을 물고 여름을 넘습니다.
몸을 태워 들녘을 익혀온 배롱나무
회향길에 오르고

우리들도 제 시간에 떠나온 날들만큼의
돌아갈 길을 준비하고 있습니다.

너에게 물들고 싶다
- 봉숭아꽃

우리 서로에게 얼마큼 물들었을까

얼마큼 몸을 섞어야
지워지지 않은 꽃물이 들까

지워지지 않는 지문이 될 수 있을까

첫 눈이 봄 눈의 옷을 갈아입고
난 뒤에야

우수의 비가 내린 밤이 지나가고
난 뒤에야

봉숭아꽃이 피었어

다음 생에도
너의 첫사랑으로 물들고 싶다.

붉은 흉터 자리
- 상사화

내게도
만나지 못한 사랑하나 있었지

내게도
속절없이 보내야 했던 사람 하나 있었지

주홍글씨로 저물어가는

붉은 흉터 하나 남았지

그리움 노을 진 자리

마음 먼저 타 오르다

기다림으로 새겨진

붉은 흉터 하나 남았지.

한번쯤 붉어도 된다
- 진달래

내 생은
사시사철 불을 지펴도
이름 석 자 기억하는 사람 몇 안 된다

다소곳한 우리 언니도 너 만나러
봄바람 따라 산에 오르던 날
입술에 붉은 끼 잔뜩 칠해 놨더라
선비 같은 우리 집 남자
너 만나러 영취산에 가던 날
거울 앞에 은빛 모자가 나와 있더라

내게도 사월이 다녀갔었다
누군가 한 번 쯤 설레었겠지
누군가 그리움에 물들었겠지

바위틈 절벽 생솔가지에도 봄물이 들면
진분홍 진달래 속을 헤매어도 볼 일이다.

당신을 향해 피운 꽃
- 연꽃 1

전생에 무슨 인연이 있어
당신 연못에 뿌리를 내리고
오욕에 물들지 말자 했는지

삶의 자맥질에 부서져 내리던 날이나
가슴 귀퉁이에 구멍 숭숭 뚫린 날에도
향기로운 꽃이 되려 했는지

전생에 몇 겹의 인연으로
세상물정 모르고
당신 연못에 뛰어들어
살아도 괜찮을만한
의미를 피워보려 했는지

우리가 생을 바쳐 이룬 연못에
연밥 하나 쯤 남겨놓아야 한다는
약속을 저버리지 않게 되었는지

그 꽃 한 송이 있어
한 자리에 서 있을 수 있었으리라.

사람들은 모두 연꽃으로 산다
- 연꽃 2

꽃 한 번 피우지 못한 인생도
향기 나는 날들을 위해
진흙 속에서 아픈 밤을 버둥거린다

새벽바람 품고 나가 어둠을 지고 와서
얇은 봉투를 열어 식탁의 불을 밝히고
자식들의 웃음소리를 키워낸다

세상이 다 연꽃 밭이다
물 한 모금 소유하지 못한 연잎마냥
가시 걸린 눈물을 삼키기도 하지만
뼈 속 숭숭 뚫린 구멍을 세며
가족이라는 이름의 꽃을 피워낸다

너도 그렇고
나도 그렇듯
흙탕물이 잠겨서 진흙이 되고
진흙이 숙성되어 연꽃을 피워낸다

그렇지 않고서야 어찌 꽃이 필 수 있겠는가
그렇지 않고서야 어찌 향기를 품을 수 있겠는가

사람들이 더 연꽃처럼 살고 있다.

바다로 가는 꽃
– 코스모스

살랑거렸다
배배 몸을 꼬며
코맹맹이 소리도 내어
너의 허리를 붙잡고
휘어진 강물을 따라
바다에 닿을 때까지 살랑거려 볼 생각이었다

흔들거렸다
가을이 허물처럼 벗어 놓은 외투 위로
까맣게 익은 씨앗의 눈물이 떨어지면
우리가 닿아야할 바다의 처음이
저만치서 마침내 손짓하고 있었다.

환상
- 튤립꽃

황진이 치마폭을 펼쳐 놓자
사내들이 몰려들었다

그녀의 입술이
태안 신안 바닷가에서 술렁거린다

둥둥 휘날리는 치맛속
끈 풀린 속적삼
십년을 면벽수행面壁修行한 지족선사도
마침내 선방을 뛰쳐나왔다.

구겨진 왕관
- 민들레꽃

걸음을 배우는 아이도
숨을 헐떡이는 쿠팡 기사도
밥을 찾던 구직자도
한나절 호흡으로
빗장을 풀고 쉬어가야 한다

민들레도 어쩌면 그럴 때 핀다

멍 때리기 좋은 한적한 언덕이거나
졸고 있는 벤치의 기슭이거나
개가 똥을 싸고
술 취한 노동자가 오줌을 갈긴
고장 난 가로등 밑이거나
청년의 이력서가 구겨진 오후 같은
허기진 시간이 모여든 곳에서
민들레는 나타난다

가난한 지자체들이 내다 건
흔한 현수막에도 좀처럼 걸려 보지 못한
구겨진 왕관 같은

주름진 눈가가 언제나 붉어보여서
가끔 민들레를 부르는 곳은 붉은 현장이 대부분이다.

대답을 하지 못했다
– 패랭이꽃

쓱 문지르면 눈물범벅된 얼굴에서
피었다

지금도 억울했던 일
일러바치고 싶다

선배가 챙겨간 땅문서도
후배가 배불리 쓴 대출금도 아니다
전화통에 화살 박아 쏘아대던 딱따구리 소리
날카로웠던 경상도 사투리다

혀에 가시 박힌 주둥이로
가슴에 구멍 뚫은 재주 있는

낮게 핀 꽃
여린꽃 앞에서 까불대는

경상도 딱따구리
패랭이꽃은 먹먹했을 뿐이다.

가시나무 머리 위에서
- 해당화

어떻게 살면 너처럼 깊은 향기가 날까

얼마만큼 짠물을 들이켜야 간이 들까

해변의 뙤약볕에 선홍의 습벽을 드러내고
가시를 뱉는다

바다를 다독여 꽃잎을 피우고

짠물을 삭혀서 향기가 들 듯

사색을 짚어 둥근 열매를 빚는다

그렇게 해당화로 필 수 있듯

너와 나도 간을 맞춰 사는 거다

가시나무 머리에서 환해질 수 있는 거다.

제2부

밉게 생긴 꽃

밉게 생긴 꽃
- 벼꽃

쌀 한 톨의 무게가
이 세상에서 제일 무거워
잘디잘게 피어

밉게 생겼지만
보기만 해도 배부른 꽃.

세상의 모든 어미들
– 호박꽃

호박꽃은 사랑이다
노란 치마 아래 어린 것을 키우는 어미여서
세상의 모든 새끼들이 아름답듯
그 아름다움을 지키는 모성을 지녔다

그런 호박꽃을 시기질투하는 것들이
못생겼다고 야유를 하지만
애호박이 자라 늙은 호박이 될 때까지
새끼의 배꼽에 눌러붙어
헐벗음으로 제 자신을 희생한다

누군가 나더러 호박꽃 같다고 했다
그러나 나는 안다
세상의 모든 어미들이 호박꽃이라는 것을,
제 넝쿨에 줄래줄래 달린
새끼들의 꼭지에 말라붙어
마침내 사라지는 어미들에게
보내는 찬사임을
그러므로 호박꽃 같다는 말
가장 아름답다는 말이라는 것을.

그 향기로 일어서는
- 옥잠화

옥잠화 향기에
백학봉이 일어나 앉는다

청류암에서는 아무리 게으른 사람도
늦잠을 잘 수 없다
방문턱까지 팔 뻗은 은행나무 가지에서
새들이 먼저 새벽 종송을 시작한다
비비새 꼬리만한 대웅전에
옥잠화 향기 가득 채워지고
청솔모가 잽싸게 눈곱 세수를 한다
보살은 이슬을 털어와 아침을 짓고
공양 상에 옥잠화 튀김이
해탈처럼 올려진다
옥잠화 향기는 과분한 적선,
아직도 입안에 머물고 있다.

뒤돌아 보아야 피는
- 감자꽃

한 숨 먹고 피는 꽃
한 숨 토해 내는 꽃
열 달씩 감자를 키우고도 황토밭은
보릿고개로 출렁 거린다
유월 뙤약볕에 그을려도 하얀꽃
향기 내지 않는 꽃
배고픈 사람 내치지 않은
한해는 모아다가 피우고
한해는 끌어다가 키우는
감자꽃이 피어야
굴뚝에 연기가 피어 오르는 꽃.

팽목항 개나리꽃들
- 개나리꽃

교문을 나서던 그날처럼
줄지어서 피었다

파도가 출렁이는 바닷가
기지개를 켜는 산기슭
돌담 집 울타리 밑
집에 가는 길가에 노랗게 피었다

가다보면 피어있고 고개 들면 보이는 꽃

꽃을 달았다
선생님도 부모님도
서울사람도 땅 끝 사람도
안산에서 팽목항까지

삼백네 그루

돌아오너라!
돌아오너라!
해마다 개나리꽃 피듯이

잊지 않고 기다릴게

개나리꽃 피어라

팽목항 개나리꽃들
언제까지 피어라.

황무지에 휘날리는 깃발
- 개망초꽃

노동자의 딱지를 달고
머리에 띠를 두르고 깃발을 세워
확성기를 틀고 광장에 모여야만
비로소 꽃이 되는
흰 옷 입은 사람들의 꽃

짓밟혀도 일어서고 숨통을 조여도 뿌리치고
끝끝내 피어나는 꽃
쳐내도 소용없는 질긴 뿌리를 지닌
황무지의 꽃

자갈밭이나 허기진 땅에서
칼 쥔 자들의 표적이 되어서도
이 땅의 풍년을 희망하는 개망초꽃

아무도 노동자의 밥그릇을 빼앗을 수는 없는
아무도 청년의 목을 꺾을 수는 없는
아무도 분노의 북소리를 외면할 수는 없는

마지막까지 황무지를 지키며 서있는
가녀린 꽃대들의 함성에
돌을 던질 수는 없을 것.

그러므로, 이 한 송이
- 국화꽃

살아서는 하지 못한 말
살아서는 듣지 못한 말
국화꽃은 알고 있을까

삼가三歌 국화꽃을 올려
생전에 하고 싶던 말
국화꽃은 듣고 있을까

진실을 듣는 꽃
비밀을 지키는 꽃

그래서 용서하고
그래도 용서하고
그러니까 용서하고
그러므로 마음 편히 가시라

당신의 영전 앞에
국화 한 송이 올린다.

울타리에 기대어서
- 나팔꽃 1

눈 씻고 찾아봐도
속잎 한 장 없는 사람
잠자리 날개 마냥 가볍다
궂은 일도 성한 일도 분별없이
떠들썩 나팔을 불며
온 동네를 칭칭 감고 돌아 다닌다

울타리 하나 잡고 섰다고
근본도 잊어버리고 명색도 없이
운율도 맞지 않은 나팔을 불고
청보라 입술을 헤벌쭉 열고 다닌다

싸리나무울타리 없이는
제 몸도 못 가누는 입술만 큰 사람
한 철 밖에 모르는 메뚜기 마냥
겁 없이 여기저기 설치고 다니며
나팔을 불어댄다.

붉은눈물로 지는
- 동백꽃

동백꽃이 붉은 것은 이파리가 푸르기 때문이다

동백잎이 파랗게 떨어 붉은 동백꽃을 피어내듯

내 사랑도 너처럼 파랗게 떨었을 때가 있었다

동백잎이 동백꽃을 피어내듯

나도 너처럼 뜨겁게 타오르다

노을빛이 바다에 다리를 펴듯 마음을 내려놓고

붉은눈물로 떨어지고 싶다.

잔향残香만리
- 동적골 매화

며칠째 개가 짖어 댄다
울먹이는 매화꽃을 보았나보다

초경 같은 꽃망울이 맺혔다

어머니 치마폭 같은 매화향이
현덕사 범종소리 따라 새인봉을 넘어가고

동적골 도랑물이 꽃잎 띄운
수반으로 변했다

이른 봄날, 동적골에는
매화꽃 아닌 것이 하나도 없다.

여신의 이름으로
- 백합꽃

여신으로 왔다
중세 귀족의 우아한 향기를 품고,
태초의 사랑을 안고 아리스 소녀가
그렇게 왔다

세상 터널 속에서 캄캄해졌을 때
열차가 통곡을 지르며 가슴 밟고 지나갈 때
잡음들이 뒤엉킨 어수선한 물정 앞에 허둥거릴 때
곁에 있었다

이 꽃 한 송이 있어 발걸음 지치지 않았다
이 꽃 한 송이 있어 삶의 끈 놓치지 않았다
이 꽃 한 송이 있어 다른 꽃을 볼 수 있었다.

신화 속 여신
딸이 내게로 왔었다.

지워진 노래
- 라일락꽃

아랫집 형이 삼청교육대에서
돌아왔던 날

수수꽃다리 꽃잎으로
시들어 있었다

기타를 치면서
하모니카를 입에 물고서

'라일락 꽃피는 봄이면
그대 손을 잡고 걸어요,

노래 불렀던 형은
별명을 라일락꽃으로 불렀다

오토바이 수리점 인근 사람들도
그의 노래를 따라서 흥얼거리곤 하였다

까만 엔진오일이 바짓가랑이에
이마와 손등에
명암처럼 새겨진 형

그곳에서 무슨 일이 있었는지
깊은 눈망울만 껌뻑일 뿐
형은 그 후로 라일락꽃을 부르지 않았다.

할머니 꽃
- 목화

할머니는 밤새워 목화솜을 타신다
목화솜 이불이 두꺼워야
남편 사랑을 받는다며
머리 허연 목화밭은 목화솜 뭉치를
꾹꾹 눌러 이불을 짓는다

쉰둥이 막내 딸 혼인날이 잡혔다

목화 웃음
목화 마음
목화 향기

할미꽃이 아니어도
목화꽃이 할머니 였다는 사실을
목화꽃이 더 잘 알고 있을 것 같다.

영원이란 말은 어디에서 오는가
- 무궁화꽃

어떤 거룩한 제단 위에 이 꽃을 올릴까

어떤 성인聖人의 가슴에 이 꽃을 바칠까

어떤 축제의 화환에 이 꽃을 꽂을까

어떤 절망의 순간 위에 이 꽃을 던져줄까.

백년손님 오시다
- 모란꽃

긴 기다림이 있었다

뿌리 좋은 가문의 향기
모란꽃을 들고 왔다
연분홍 미소가 넙죽 하다
풍요로운 향기가 집안 가득 찼다.

깊은 기품이 흐른다

듬직한 풍채가 그렇고
빛이 나는 눈망울
서툴지 않은 편안함이 그랬다

모란으로 피어라

이미 오래전에 함께 한 듯
넉넉하고 편안하게
모란꽃으로 피어라
백년내내 피어라.

해탈을 기다리는 돌담 집
- 능소화

한 번쯤은 오시겠지
그리움을 끼고 돌담을 서성입니다
아직도 의붓자식마냥 당신 주의만 빙빙 돌며 바람소리만 스쳐도 꽃잎은 붉어집니다

당신이 좋아하시는 능소화는 속절없이 피어대는데
돌담에 그리움을 걸쳐놓고 깍지발로 기다림 익혀내는 외로움을 당신은 아실련지요
그 무거운 눈을 언제나 치켜 떠 보실련지요
바람소리에 꽃잎이 떨어질까
풍경소리에 꽃잎이 놀랠까 합장도 올려봅니다
진순이 등을 쓰다듬으며 짖지마라 능소화 놀랜다 진순이 밥그릇에 뇌물을 얹어 보기도 합니다
지대 높은 가야산은 봉수산 이마까지 훤히 비춰냅니다.
속절없나봅니다.

제3부

도라지꽃이 불경일 때가 있었다

배가 열렸다
- 배꽃

부끄러움을 가리고
달콤한 키스에 취해서
잠이 들었다

달빛이 없어도
눈 맞춤이 어렵지 않았던

십년 난임 부부도
배꽃 밭에서 돌아와

둥그런
배가 열렸다.

꽃 지듯 가거라
- 벚꽃

미치려거든 벚꽃처럼 미쳐라
눈에 뵈는게 없어야 뭐라도 나서보는 거지

터뜨리려거든 벚꽃처럼 터뜨려라
꽁꽁 숨겨 놓은 판도라
단독 특종으로
세상이 떠들썩하게
원도 한도 없이 터뜨려라.

갈
때
도
벚
꽃
지
듯
가
거
라.

도라지꽃이 불경일 때가 있었다
- 도라지꽃

가야산이 가깝도록 도라지꽃이 피우자

공양주는 도라지를 씻어 초하룻상을 마련하였다

스님은 도라지꽃 밭에서 경을 외우고

나는 도라지꽃을 꺾어 극락전 안으로 들어선다

부처님도 틀림없이 도라지꽃을 좋아하실 것이다.

먼 길을 갈 때 불두화가 피었다
- 불두화

달이 세상의 모든 것을 보고도
그믐날 까맣게 망각해야하는 이유를 알고 있다

해가 가끔씩 구름 속에 몸을 숨겨
부끄러움을 감출 수 있는 시간을 허락하는 지를 알고 있다

장맛비의 삿대질 앞이나 뙤약볕의 분노 아래서나
태풍의 억지소리에도

그들이 흘러가는 길을 향해 고개를 끄덕일 뿐이다가
누군가 너를 불두화라 부르면

한 번 쯤
불두화처럼 미소 지어 주었다.

그 곳에서 걸음을 멈췄다
- 분꽃

사십 넘기도록 까만 씨앗 같은 자식하나 낳아 보겠다더니
배는 불러오지 않은데
몸은 무겁다더니

병원 창틈으로 분꽃향기 새어들고 배불러 보는 것이 소원이던 친구 배에 물이 차오르고 분꽃향기가 너무 좋다 몸이 날아갈 듯 가볍다 하더니 가쁜 숨 한번 뱉어 놓고 분꽃씨앗 터지듯 먼 길을 갔다.

이번 생은 여기까지
- 수국꽃

다섯 손가락 쌍둥이도
제 복으로 나뉘어 사는 거야
물 좋아야 산다는데
너만 하필 자갈밭에 피었으니
이 또한 팔자소관이다
마른 허기를 채우고
이마에 자갈 먼지를 뒤집어쓰고
등기 없는 처마 밑에서 태어났지만
그래도 이름만은 수국 꽃이지 않더냐

다음 생에서는 부디 물 좋고
기름진 곳에서
꽃 수저로 피어나
한 시절을 원 없이 흔들어 주다가 가거라.

길에서 만난 비구승 같이
- 수선화

약속보다 일찍 나와
오랫동안 기다리면서도
은은한 미소 변함이 없다

쉬이 속내 드러내지도
흔한 향기 뿌리지도 않은
어쩌다 고개만 끄덕일 뿐
그 비구승 같이.

앉아서 멀리 보는
― 앉은뱅이꽃

1.
앉은뱅이꽃은 애잔한 이름이다
다홍치마 부끄럽게 벗었던
첫날 밤 여운이 아직도 남아 있는데
유복자를 낳았다

앉은뱅이꽃 마냥 숨죽여 살다가
어느새 며느리도 보고 손녀 딸 얻고나니
얼굴빛이 복숭화 밭으로 피었다

2.
무등산 아래 영험 깊은 보살이
이번 생에서는 남자가 없다 했는데
늙어가며 같은 곳 바라보자고
걸었던 손가락 풀기도 전에
애꿎은 인연 또한 먼 길 보냈다

풀물든 가슴 붙들고
고개 숙인 꽃으로 홀로 앉았다.

그 동창생 생각이 났다
- 오동꽃

무슨 옷을 입고 나타났는지
관심을 끌지 못했다

산과 들의 모든 꽃빛들이
축제마냥 출렁일 때도
그 자리에 초대 받지 못했다

그가 구경꾼처럼 다녀 간 것을
얼핏 본 사람도 있었지만
기억하거나
떠올리는 사람은 많지 않았다

이렇다 할 재력이 있거나
빼어난 인물은 물론이고
내세울 능력이 있는 것도 아니었다

두 손을 호주머니에 넣고
모자를 눌러쓰고 뒷자리에 앉아 있다가
조용히 빠져나간 동창생 마냥
평범하고 힘없는 모습이다

들리는 말로는

가야금이나 장구 같은
티 나는 집안과 인연이 깊다고 했다

지금은 쇠락한 소리꾼의 마당에서
그리운 타령 같은 보랏빛 등을 켜들고 있다.

그녀의 성형 비밀을 알고있다
- 장미꽃

시기猜忌나 질투로 거론할 일이 아니다
푸석거리는 머리와 까칠한 성격이 더 현실적이다.

부러울 것 없다고
가치관의 가치를 역설해 보지만
세상의 저울 앞에서
추의 기울기는 늘 그녀 편이다.

출생의 비밀로 뒤엉킨
아침 드라마 마냥 유전자가 뒤섞여
슈링크 울쎄라 레이저를 퍼부었다
카네이션인가 보면 동백꽃이고
동백꽃인가 보면 모란꽃이다

그녀의 비밀스런 출생의 내력을 지켜본다
한 편으론 형편없는 막장 드라마를 기대해 본다
어쩌면 멘델의 성형 유전자가 그녀의 비밀이었다.

접시꽃이 피던 날

접시꽃이 피었다

흰 접시꽃 뿌리와 삼년 먹은 장닭을 고와 주었더니
손 귀한 집 마당 앞에
사내아이 울음소리 접시꽃 소리를 치며
담장 너머까지 피어 올랐다.

엽서보다 짧은 편지를 썼다
- 제비꽃

무릎을 꿇었다
너와 눈을 맞추고
손을 잡고
이야기를 나누고 싶다
지독한 불혹의 고개 넘어
한숨 찍어 쓴 편지는
시가 되지 못하고
먼저 떠난 이들을
그리워 했다

제비꽃 편지를 썼다.

찔레꽃 하얀꽃
- 찔레꽃

어머니 위중하다는 소식에
서울 제주 광주에서 빙 둘러 모였다

숨결이 루비콘 강을 건너갔다가
평온해져 돌아온 모습
며칠 지켜보자는 의사의 말을 듣고
저승 입구를 서성이는 당신을 남겨 놓고
우리는 또 뿔뿔이 흩어졌다

그 날 밤 당신은 강을 건너가셨다
먼 길 떠날 채비 분주할 때
자식들은 돌아와 단잠을 잤다

찔레꽃 한 송이 가슴에서 핀다
우슬재 언덕의 찔레꽃은 유독 향기가 곱다
창백한 어머니의 웃음소리가 들린다
찔레꽃 하얀 꽃 노랫소리가 들린다.

환하고 붉었던 기억
- 카네이션

유치원 때
맨 처음
색종이 오려 붙여
들고 왔던 꽃

아직도
추억의 상자 속에 빨갛게 피어있다.

꽃이 피었습니다
- 토끼풀꽃

높은 곳에서 찾던 행복

깊은 곳에서 찾던 행운

지천에 수북하다.

거기, 할미꽃이 피었다

 불혹에 남편 잃은 시어머니 그보다 이른 서른셋에 과부된 며느리가 함께 살았다

 평사리 서희 할머니 마냥 당당하고 의연한 며느리는 밭일을 나갈 때나 모를 낼 때도 무명수건 한 장 몸에 두르지 않았지만, 시어머니는 며칠 밥 굶은 얼굴로 봉창문에 눈과 귀를 박아놓고 놋화로를 뒤적여 불씨 꺼진 화로 마냥 찬바람이 씽씽 부는 담배연기를 뿜어댄다

 평생을 담배 한 모금 술 한 잔 입에 댄 적 없는 며느리는 눈이 쌓인 문중산 시어머니 발아래 묻혔다

 내 어릴 적 큰댁 당숙모는 도시처럼 고왔다 당숙모 무덤 앞에 고개 숙인 꽃이 피었다 할머니는 지금도 당숙모를 지키고 있다.

시인꽃

노을이 바다에 빠져 세상을 덮을 때 까지 비 한 줄기 내리지 않았다
달이 졸음을 참아내며 불을 지펴도 꽃잎 한 장 틔우지 않았다

언제쯤 나에게서는 詩人꽃이 피어나려나.

제4부

섬 보다 느린 여자

어떤 수행

풍경소리도 발꿈치를 들고 울린다는 가야산 한 쪽에서
묵언수행 중인 진순이를 처음 만났다

반송나무 그늘에 앉아 나는 혼자 말을 떠들어 주었다
너도 할 말이 많지 잘 참고 사는구나 업보가 많았나보다

돌담장에 앞 다리를 올리고 한참 동안 먼 산을 바라보고 있는 너를 보며
　산문밖에 그리움 하나 놓고 왔느냐고 묻다가
　눈에 띄게 야위어가는 모습이 안타까워 스님 몰래 고깃덩이를 들고 가기도했다

진순이 집 앞에 발음 꼬인 불경佛經 소리를 내며 사람들이 모여들었다
　어제 밤 진순이가 피부가 까만 새끼를 낳았다는 것이다
　어렸을 때 단감나무집 언니가
　측간 잿더미에 아이를 낳았다는 이야기를 들었을 때처럼
　울렁이는 산통을 느꼈다

진순이의 묵언수행 앞에 합장을 했던 보살이 한 둘이었던가

　스님은 진순이 곁에서 하루도 법문을 놓지 않았다
　진순이가 산문 밖을 나가는 것을 본 사람은 없었다

대웅전 부처님은 눈 한번 깜박이는 일 없이 도량을 지켜냈는데
　얼마 전 부터 믹스견 녀석이 도량을 어슬렁거렸다는 증인이 나오고 말았다

　단감나무집 언니가 무명천으로 배를 둘둘 말아 불러오는 번뇌를 감추었던 것처럼 진순이도 묵언으로 새끼를 키워냈던 것이다.

멍이들다

선운사 꽃무릇의 핏빛 외로움
설악의 현란한 설경
용추 폭포의 득음 앞에서
우와아!

*튀르키예 목화성에 발을 담그며
*구엘 공원의 미친 가우디를 우러르며
우와아! 우와아!

푸른 물에 적셔진
*산토리니의 흰 지붕
*모로코 카사브랑카의 사랑과
죽을 것 같은 알프스의 평화
원초아 흔들리는 *왓아룬의 야경
장가계의 장엄함에 기가 눌려
우아와 우와와 우와와

그 짧은 시 한줄 못쓰고
입 벌리고 팔 벌리고
감탄사만 내지르고 말았다.

*튀르키예 : 동남유럽 발칸반도에 있는 터키라 불리는 나라
*산토리니 : 그리스에 있는 바닷가 절벽에 하얀 집들이 있는 섬
*구엘공원:스페인 바르셀로나에 있는 유네스코 세계문화유산으로 지정된 공원은 가우디의 작품.
*모로코 : 모로코 왕국의 약칭으로 아프리카의 서북쪽에 있는 나라. 수도 라바트.
*왓아룬 : 방콕에 있는 사원

不法 그리고 佛法

내가 알기는 불법不法인데
당신은 자꾸 불법佛法이라 하십니다

당신이 모르면 불법佛法이지만
당신이 아시면 불법不法이기 때문입니다

내가 당신을 지키는 것은 불법不法이지만
당신이 나를 지키는 것은 불법佛法입니다

당신을 지키려 하면 할수록
불법佛法은 불법不法이 됩니다

그것이 당신에 대한 나의 불법佛法입니다.

어머니의 공空

묵은 연필 꾹꾹 눌러
다섯 자식
여섯 손자
빼곡하게 적어 넣어
벽천암 처마에 연꽃피어 올렸다

이 자식 저 자식
부처님 앞에 빌어야 할 일
너무도 많아

그 분의 묵직한 입하나 믿고
그 분의 듬직한 귀하나 믿고

어미 몫은 괜찮다며
벽천암 석수에 흘러 보냈다.

절간

돌담은 왜 그리 높은가
지붕은 왜 그리 넓은가
범종은 왜 그리도 무거운가

산문 밖 그리움도 막으려 했구나
마디마디 옹이진 사연 돌아 앉으려 했구나
이고 지고 온 짐들 벗어 놓고 오라 했구나

세상만사 번뇌를 버리라고 했는가
얽히고설킨 인연 끊으라고 했는가

세상과 한 발 멀어 조용하고 싶어 했는가
세상보다 한 뼘 깊어 보이려 했는가

눈빛 휘둥그런 소녀의 합장도
술 젖은 설법으로 침을 튀기는 처사도

고춧가루 삼킨 삿대질을 일삼는 보살도
마른침 삼켜 침묵을 달래는 공양주도

업장의 성적표 부처님 앞에 올려놓고
절간에 와서 고하라고 했는가
뜬구름 고인 마당 안에 들라 하였는가.

진순이네 집

모시적삼에서 매미 날개 펴는 소리가 났다
누구도 그의 목소리를 들어본 사람이 없다
묵언수행 중임을 짐작할 뿐이다

표고버섯 같다고 하는 사람도 있고
우산을 펼쳐 놓은 모습이라고도 생각하는
적단풍나무 아래 그녀가 산다

범종소리가 새벽안개를 일으키는
도량을 씻겨내는 목탁소리 위에 이슬이 내리는
반송나무 살결이 매끄러운 뜰이 넓은 집

능소화가 까치발로 그리움 삭혀내는
후원보살도 시자보살도 지혜보살도 목소리 낮아지는
무심한 눈빛에 부처님도 빗장을 푸는
묵언보살 진순이가 사는 집

삼시세끼 반야심경 공양을 삼아
세상 업보 풀어내어
회향을 기다리는 집.

섬보다 느린 여자

스물다섯 번째 봄이었다
바다의 푸른 물살에 노을빛이 출렁이던
섬 언덕에 꼬막 궁둥이만한 살림을 차려 놓고
동해보다 먼저 해가 뜨는 섬을 보았다

수평선의 길이를
손 뼘으로 잴 수 있다고
산수를 외웠던 때였다

바다에 나무를 심으러 갔던 날
소금에 절여져 수분 빠진 바다를 보고
섬이 짜다는 사실을 처음 맛본 날이었다.

바다는 물밑을 훤히 꿰는 별주부를
등대불로 켜 두었다
노을이 바다 한 가운데에 뛰어들어
열처럼 끓어 오르거나
오장을 꺼내 소용돌이치며 출렁일 때

바다는
태초의 말씀 같이
노을을 바다위에 들어 올려놓았다

그 섬에
섬보다 느린 여자가 산다

그물을 바다에 던져놓고
물고기가 들어오기를 기다리다
바닷물의 깊이와 노을의
크기를 함수의 관계로 풀 수 없다는 것을

물살의 크기와
노을의 빛깔과
바람의 방향을 더듬어
기다림으로
기다림으로
봄과 여름과 가을의
파도 타는 법을 짐작하였다

그 섬에
예순 다섯 번째의 봄이 오고
섬보다 느린 여자는 지금은 섬 밖에서 살고 있었다.

섬의 언덕

나의 꿈은
너의 언덕이 되는 것이었다

쓰나미가 몰아쳐도
뒷심 짱짱하게 버텨서서
바다의 물결을 읽어주는
바람의 방향을 짚어주는
언덕이 되어주고 싶었다

생의 바다에 던져진 나는
몇 번은 물살에 휩쓸리고
몇 번은 멀미로 흔들리다
표류하다가 정박되었다

너에게 이름표가 붙여지고
태풍으로 빗질된 숲이 우거져
꽃과 새가 찾아들 때
바람의 귀띔으로 알 수 있었다

네가 나를 지키기 위해
숱한 물살을 넘었던 밤을

나의 꿈은

아직도
너의 언덕이 되는 것이다.

민낯

어제 구름이었던 네가
오늘은 물로 서 있다

어제 물이었던 네가
오늘은 수증기로 변해있다

표정도 빛깔도 다르지만
우리는 눈의 깊이가 닮았다

감꽃 그늘에서 손가락을 걸었던
풋풋한 설렘도

뺨을 비볐던
뜨거운 열정도

악연이라 몰아쉬던 젖은 숨결도
사랑이었다

네 흉터는
내 허물의 민낯이었다

네 얼굴에서
내 모습이 보일 때 무릎이 흔들렸다

〉
우리가 삭혀온 계절의 뒤안길이
사랑이었다.

푸른학당

아무도 모른다

귀신도 속아 넘어가는 처세
뭐 먹을거야 물으면
'너랑 같은 것, 하면 된다

행정복지센터에서 눈을 가늘게 뜨고
새까만 얼굴로 시력 탓을 할 때
후들거리는 숨소리가 고장난 엔진소리 마냥 커진다
한 바탕 땀을 쏟아내고
주민등록등본 한 통을 겨우 받아든다

병원은 저승사자다
하얀 종이를 내미는 간호사의 입술에
덕지덕지 짜증이 발라져 있다
눈치 없는 간호사를 만난 것은 일진 탓이다

가방을 뒤지고 호주머니에 손을 넣었다 빼고
혼자 말을 구시렁대며
이 난폭한 글자 앞에서 초연해야한다

시꺼멓게 찍힌 저것들은 내게 뭐라는 걸까
급한 일을 핑계로 병원을 나올 때

배앓이도 기가 죽어 잠잠해졌다

훈민정음 짊어지고 학당 가는 길
오지랖 넓은 옆집 친구는
운동 가느냐며 따라 나선다
아찔한 순간이다

카톡카톡 카톡카톡 며느리 안부에
땀에 젖은 심장이 뛴다

아무도 모르는 어머니의 외출
푸른학당* 문해반에서 까만 세상을 닦고 계신다.

＊문해교육학당

실수

파도가 물결을 어루만지다
잠이 들었다

여름이 해안 위로
바람이 스치듯 다녀가고

맨살로 한 눈을 팔다
화상을 입었다

푸로스트도 가보지 않았다는 길 위에서
삶은 모두 다 가보지 못했던 길이었다 .

비닐하우스 화원

고목 뿌리 같은 손등
바위 같은 피부는
그것들을 키워낸 자화상이다

시를 놓쳐버린 것은 아니다
그녀 눈빛은 조지훈의 여승으로 반짝이며
그녀 펜은 사막의 은유를
그려내어 그것들의 목마름을 다독인다

새벽을 일으켜
가는 숨소리조차 시가 되는 하루

코틸레돈 에케베리아 크라슐라 칼랑코에 취설송
시집을 보내야 하는데
속절없이 나이가 늘어가고 있다

혼기 놓친 그녀의 외동 딸처럼.

일상들

　주름진 손으로 더듬거린 카톡 방이 분주했다

　비염으로 콧물을 훌쩍이며 그렁그렁한 눈빛과 부석부석한 뺨과 설레이는 숨결과 꾀죄죄한 손끝을 훔치며 집을 나섰다

　공연 연습 중에 나왔다는 회원, 부인을 대리한 회원의 남편, 유치원생 손녀를 혼자 두고 왔다는 회원은 전화를 받으러 밖으로 나간 뒤 돌아오지 않는다

　더 소중한 일상 앞에 얼굴을 보이지 않았던 회원들의 일상에 박수를 보낸다

　소소한 사연들은 모두 다 서로에게 소중한 일상들이다.

여사님의 운전면허증

쏟아질듯 까맣고 큰 눈을 깜박이는 그녀는
언니 여섯에 동생 둘
제 순서를 헤아리다 글공부를 놓쳤다

길거리 좌판 위에 어둠이 내려서야
늦게 끓인 밥을 먹여 키운
딸들은 선생님이 되었다

한글 놓고 기역자도 모르는 세월 살았는데
느지막한 나이에 운전 면허증을 따냈다
사십에 보낸 남편보다 서럽고 기가 막혔다
듣는 사람도 숨이 막힌 운전면허증 취득 사연

두 딸 눈망울의 색깔, 콧등에 돋은 좁쌀만 한 뾰루지 자국, 윗입술보다 두터운 아랫입술, 귀 뒷볼에 작은 점, 왼쪽 눈썹 끝이 오른쪽 눈썹 끝 보다 엷고 눈썹이 서너 개 더 많다는 것들은 읽을 수는 없어도, 처음부터 끝까지 머리 속으로 외워내서 시험도 코스도 제 앞에 놓인 길도 통과하였다.

제5부

수평선에서 몸을 섞다

수평선에서 몸을 섞다

물속에 하늘이 있다

하늘이라고 높은 곳에 사는 것은 아니다
65만톤의 자르 바이킹호*를 구름조각처럼 띄어 올린
태평양의 치마 속에 하늘이 있다

물이라고 낮은 곳만 흐르는 것은 아니다
하늘이 세네갈의 여름으로 삼복을 삶을 때
물은 이슬이 되어 구름이 되어 하늘로 승천昇天을 한다

어느 날은 하늘이
코발트빛 깃을 세우고 양떼꽃을 피워 올리고 별들을 쏟아낼 때
바다 위에서 강물 속에서 어머니 장독에서도 물소리가 출렁거린다

그러다가 하늘이
집채만한 어둠속에서 천둥과 벼락을 끓이며 장대비로 뒤척일 때
바닷물은 바닷물대로 호수는 호수대로 강물은 강물대로 하늘을 품어낸다

물속에 하늘이 있다

농부가 발 씻는 도랑물 속에
짐승들 목 축이는 산비탈 개울물속에
시인이 뛰어든 호수 속에
수옥언니가 쳐둔 그물이 있는 고흥 바닷물 속에도 하늘이 있다

물은 하늘의 하늘이다.

*세계에서 가장 큰 배 1975년 일본의 오파마 조선소에서 만들어짐

참, 철없는 바람

어디서 시작되었을까
어디까지 불어갈 것인가
비 젖은 눈서리와 어울려
봄바람 살랑이며 춤을 추더니,
한더위 솔바람에 북장구를 치더니
늙은 장사치 침 바른 셈으로
값싼 바람을 일으키구나
꽃이 피면 불어와 살랑이며
앞니 빠진 입으로 수박을 핥더니
가을걷이 시작하니 비바람 치며
철지난 바람을 일으키는구나

얼마큼이나 혼이 나야
철이 들 것인가.

돌하르방

천년의 짠물을 들이키고도 표정이 싱거운 것은
세상살이에 간이 너에게 맞지 않았기 때문이다
눈구멍도 귓구멍도 콧구멍도 막힌 구멍투성이다

은유를 배우지 못한 너는
파도의 몸짓을 해석하는데 긴 세월이 걸렸다

파도가 살풀이 수건을 흔들며 달려들 때나
이빨을 드러내며 밀려 올 때도 구멍을 만들었다

살아갈수록
몸피는 줄어드는데 구멍은 크고 깊어진다.

유책사유자

바짝 마른 여자와
코가 붉고 배가 불룩 나온 남자가 이혼을 했다

언젠가는 죽일 놈의 사랑도 했겠지
함께 돌탑도 쌓았을 것
냄새나는 돈만도 못했던 사랑

오포세대 칠포세대
결혼을 포기하고
자녀를 포기하고
사랑도 포기한
젊은이들의 현실 앞에서
뉴스는 이들의 이혼을 자랑질한다

무엇을 포기해야 했을까

그러니까
거액의 위자료
....
이 부부가 우리들에겐 유책사유자다.

벌거벗은 임금님

구경꾼들이 모여들었다

배꼽은 피노키오 코를 닮았다
권력 앞에 무릎 꿇은 배운자들과
돋보이고 싶은 욕망은
바람 넣은 유방처럼 부푼
소문만이 아니다

요망스러운 세상
걸레는 빨아서 걸레로 써야지
행주로 쓰려하니 천지에
전염병이 창궐할 수 밖에

귀 막고는 살아도
코 막고는 못 사는데
눈도 감을 수 밖에

정신이 돌아오거든
한 말씀만 해 주시라
임금님은 거울도 안 보고 사느냐고.

피노키오 코에 촛불을

허벅지를 꼬집었다
생시였다

자다가 생긴 고깃덩이
고양이에게 두어 개 주고
나머지는 인형이 먹는다
체하기 십상이다

여우와 고양이들은
자유와 공정을 훔쳐
인형의 콧대 위에서 놀며
발광을 한다

공부보다는 컨닝에 능란한 인형은
컨닝으로 차지한 학위를
꼬리 뒤로 숨겨 놓는다

고양이가 받은 낙제점을
비행기를 오르며 들어 보인다
여우들은 머리를 조아리며 박수를 친다
잘 도착할 수 있을지 위태롭다

무당을 불러들이고

서커스가 해결이라는 점쾌가 나올 때까지
아무데나 뒤지고 다그친다

코는 점점 길어져 간다
피노키오처럼

길어난 너의 콧대 위에 촛불을 밝힐 시간이
가까워져 온다.

너에게로 가는 길

신호등과 호흡을 맞춘다
25km로 달리다가 동행자를 태우고
회전교차로를 지나면 100km 직진이다
안개 주의보가 있었지만 안개는 보이지 않는다

적색불이 켜져있다
속도를 조절하여 정지선에 멈추려는 순간
녹색불이 켜진다
주춤했다가 통과를 한다
백미러 뒤에서는 길게 차들이 늘어 서 있다

터널 안은 악어의 목구멍이다
세상의 비릿한 냄새를 맛봐야 한다
법규를 위반한 덩치 큰 차는
쌍 눈을 번뜩이며 당당하게 달리고
경적을 울려대는 낡은 트럭은
방향등을 켜주는 예의를 생략한다
신형 차들이 칼 치기로 달려든다

순 · 식 · 간 이었다

4차선으로 밀려 나왔다
바퀴를 쌍으로 무장한 대형 트럭들이 꺼억꺼억 트름질에

매연까지 뿜어내자 시야가 어두워졌다
망설이는 순간
60km 이상을 달려온 차는
갓길 출구로 나가라는 안내를 받는다

유리지갑은 친절한 세금을 납부하고
숨통을 들었다 놓은 방지 턱을 몇 번이나 넘어야 한다

30km를 넘지 말라
또 다시 경고음이 울린다
수행자의 걸음으로
성직자의 호흡으로
우리들은 그렇게 너에게로 닿는다.

여우와 두루미의 합창

  여우는 두루미의 날개 위에 올라탔다
  저 아랫것들을 몽땅 요리해 보리라

  무당의 푸닥거리 밥상에 길들여진 여우는
  노동자의 눈물과 버림받은 노인과 배고픈 청년과 장애인의 고통과 예술가의 붓을 꺾어
  성형과 개명과 조작과 위조와 뇌물로 사들인 식재료를 두루미에게 주었다

  두루미는 강한 부리로 큰 식탐을 위한 한상 차림을 꿈꾸었다
  오백원짜리 동전 앞에 새겨진 명성과
  천연기념물로 등록된 위세와
  큰 덩치의 위협으로 위엄도 세워보지만
  경중경중 뚜루루루 경중경중 뚜루루루 소화가 어렵다

  여우와 두루미는 칼 잘 쓰는 요리사를 고용하기 시작했다
  못하는 요리가 없다
  뒤집고 지지고 볶고 굽고 삶고 다지고 주무르고 튀기고 썰고 자르고 데쳐서 내팽개치기도 한다
    〉
  피식피식 후루루루 피식피식 후루루루 헛방귀가 잦다

  한강의 물고기들을 다 잡아 가려고 한다.

밤골댁

들쑥날쑥 여섯 고랑
넘치지도 모자라지도 않았다
큰 도랑에 감자 심고 작은 도랑에 목화꽃을 피웠다
근동에 농사를 잘 지었다는 소문이 났다
해가 쪼그라지도록 밭이랑을 지켰다
주렁주렁 감자알을 달아 놓았더니
비명 한 번 지르지 못하고
큰고랑 하나 도둑을 맞았다
아득하였다
고랑보다 깊은 말들이 가슴에 담겨 있어
울컥거리는 해를 입 다물고 넘겨야 했다
한숨을 들이켜 남은 고랑을 지켜내었다

콩 심으면 콩 나고
팥 심으면 팥 나고
밤골댁 손톱 밑에서 알곡들이 여물어 갔다
한 평생 자식 농사를 지었다.

해남에 살으라

아직 청춘이거든 해남에 살으라
이제 불혹이거든 해남에 살으라

땅의 시작
땅의 끝

지진이 흔들어도 끄덕없는
3억 만평의 대지

그대 가슴에 희망을 품고 싶거든
해남에 살으라

송지 북평 북일 계곡 문내 화원 옥천
그 이름으로 살으라

황토 고구마 굵어가는
기다림으로 살으라

산이 되어 살으라
마산 현산 화산 황산 삼산 산이
산삼을 심으면 나무가 되고
나무를 심으면 산삼이 되는 깊은 이치로 살으라

어머니 주름살 같은
산마루 아래
오래 내려온 마을이 되어 살으라

저녁이 오면
저녁이 오면

마을의 지붕들 위에 내리는
별빛으로 살으라

그러다가 마침내는
바다 되어서 살으라

다 끝났다고 여겼을 때
다시 돌아와
남쪽의 바다 되어서 살으라.

*2024년 1월 땅 끝 해남소식에 수록.

한 뼘

부모 밥 먹고 클 때
양말도 속옷도
같이 입고 같이 잤다

객지 밥 먹고 살 때
셔츠도 바지도
같이 입고 같이 컸다

결혼해서 어른 되어
신발 한 짝
수건 한 장
네 것 내 것 편 가르듯 분명하다

부모님 계실 때는
이런저런 핑계 삼아
그 품으로 모여들어 등 다독이며
웃다 울고
울다 웃었는데

부모님 떠나시니
형제의 우애도
한 뼘보다 넓은 간격이 생겨났다.

시詩 농사

두보에서 백석까지
일천 편의 시는
아직도 가슴을 쿵쿵 쳐 대는데

이른 봄날 내밀었던
시 한 알
가을이 되어도
여물지 않아

무딘 펜만 더듬더듬
옹알이를 하고 있었다.

도내기 시장에 꽃이 피면

길고 깊은 도내기 시장*
허기 채운 육자배기 걸걸하다
주머니 더듬어 최루탄 같은
막걸리로 역사를 쓰던
등록금 저당 잡혀
민주주의를 고수했던 지성인의 성지

청년들이 떠난 청년문화시장
툭 치면 푹하고 무너질 듯 허기진 상가들
열녀문처럼 쇠하여 녹슨
자물통만 흐린 눈을 깜빡 거린다

호적 없는 장미의 거리
산골마을 흉가처럼 버려진 장미상자
버림받은 애첩처럼 서럽게 늙어간다

일어나 다오!
일으켜 다오!
십일만 구민이 불을 지펴
한번쯤 뜨거워다오

오! 꽃 피어다오!
꽃 피어다오!

찔레꽃 해당화가 아니면 어떠리
올드로즈 클라이밍 미니어처면 어떠리
주인 잃은 대문에 이름을 새겨
한번쯤 활짝 꽃 피어다오

길고 긴 도내기 사장.

*도내기 시장 : 조선대학교 치과병원 옆에 있던 시장으로 '길고깊다'하여 도내
 기시장이라 불리었음.
 2021년 청년문화시장으로 명칭이 변경 되었으며 "장미의 거리"라고도 부름.
*도내기 시장에 꽃이 피면 : 필자가 진행한 광주광역시 동구청 평생학습관 시창
 작반 수강생 문고집 발간.

간이역 가는 날

꽃이 피었다
버려진 얼굴 위에
얼룩 꽃이 피었다

곰팡이처럼

낮술처럼 허물거린 발을 내딛어
간이역에 가는 날

녹슨 낫 한 자루
구멍 난 멍석
몇 해 전 벗어 놓은 헌 신발 한 짝까지
너무 오래 머물렀던 집
자물통도 없는 대문을 걸어 놓았다

돌돌 말린 허리를 유모차에 싣고 온
마을 깐부들의 배웅
앰뷸런스는 잠시 시동을 끄고 기다린다

고요해져서

얼마 전에 이장아버지도
퇴직한 민교장도 경찰에서 나온 은행나무집 아재도

의사 자식 둘씩이나 둔 박씨 부인도
오늘처럼 그랬다

　도배질 오래된 안방에 줄 맞춰 걸린 노인의 자취 자식들 졸업하고 결혼하는 장면
　손주들 백일사진 부부동반 여행 사진 회갑때도 칠순 때도 웃는 얼굴 화창했으니 이만하면 한 바탕 축제였을지 모른다

　화전 논 세마지기 밑천으로 소보다 많은 땅을 갈아엎어 손톱 자랄 틈 없이 살아온 덕에 자식들은 흙 묻지 않은 잠자리에서 밥 먹고 살게 되었으니 이만하면 잇속은 챙긴 셈이다

　앰뷸런스는 붉게 구겨진 노을빛을 따라
노인이 잠시 멈췄다가 떠날 요양원으로 간다.

가당키나 하는 일입니까

　세상의 무엇과 바꾸겠습니까
　애간장을 태우고도 까마득 잊어 버렸습니다
　갚아도 갚아도 아직 빚이 남아 있습니다

　자식을 낳아 길러봐야 어른이 될 텐데
　딩크족인가 욜로족인가 그렇답니다
　친구는 사십이 넘도록 자식한번 품어 보겠다며 병원을 넘나들었습니다
　자식의 가치를 서울집값에서 찾을 수 있다니요
　삶의 어느 순간에도 제 몸댕이 담보로 내 주는데 망설임이 없습니다

　개를 입양했다 합니다
　마리 써니 토리 댕댕이 ,,,
　개판 아닙니까 우리 마을 보육원 영아일시 보호소에 눈 맑은 아이들
　아무려면 토리 댕댕이 하고 견주는 것이 가당키나 하는 일입니까.

머슴들

가해자도 없는데
뱃가죽 깊은 곳이 아려온다

허기지도록 뭉그적거리지 말고
바른말 한번쯤은 해 줘야
밥값 하는 것 아니겠는가

며칠 전 부터 찡찡하니
밥 굶은 얼굴을 했다가
일 못 본 일본순사 얼굴을 하고 있으니
고약한 일이다

삼척 나릿골 그물치는 어부도
산청 호강골 나물 뜯는 촌부도
도장 한 번 잘 못 찍어
발등을 찍고 있다

썩은 볏짚담 넘는 구렁이 같이
취중이라 동문서답 하고 있다.

원룸 그, 큰 살림

손바닥을 접어놓았다
봄여름가을겨울이
한꺼번에 살고 있다

분주하다

숨어있는 숨소리도 훤히 보인다
책 위에 햇반
옷 위에 노트북
계란 속 병아리 살림
공간의 품격
물 한 방울 숨길 틈이 없다

비밀이 없다

얼음 커피 한 잔으로 머리를 헹구고
아웃소싱 된 생각으로
매무새를 훑고
신발 끈을 조인다.

본가 보다 편하다.

작품론

서정과 서사 사이에 꽃이 핀다
- 이경은 시집 『꽃들에게 길을 묻다』

강 경 호
(시인, 한국문인협회 평론분과 회장)

1.

이경은 시인의 시는 서정과 서사가 함께 어우러져 있다. 첫 시집 『둥근 초록을 쓰다』에서도 이러한 모습을 보였는데 이번 시집 『꽃들에게 길을 묻다』에서는 더욱 두드러진다. 주지하다시피 서정시는 감정을 형상화시키는 '서정성'을 통해 노래하는 문학형식이다. 그런데 이경은 시인의 시집은 유독 서사구조를 지녔다. 인간에게 서사敍事는 태어나면서부터 시작되어 마침내 죽어서야 그것을 완성한다. 이경은 시인의 시집은 시인의 시적 자아를 통해 자신과 주변 사람들의 삶의 이야기를 해석하며 풀어가고 있다고 할 수 있다.

『꽃들에게 길을 묻다』의 또 하나의 특징은 '꽃'이라는 기표를 통해 꽃이 지닌 사물의 진실을 드러내는 것보다 앞에서 밝힌 자신과 주변 사람들의 서사를 이입시키고 해석하고 있는 점이 눈에 띈다.

이러한 이경은 시인의 시는 생명성 탐구 시편에서 환호작약하는 생명의 아름다움과 폭력에 희생된 사람들을 통해 생명성을 고양시키고, 사랑 시편에서는 꽃이 지닌 의미를 애틋함과 그리움의 감각으로 사랑을 노래하고 있다. 불교적 상상력을 드러내는 시편에서는 시적 대상들에게 불교적 세계관을 묘파하고, 현실을 내밀하게 반영한 시편에서는 우리 사회가 지닌 그늘, 즉 모순과 부조리함을 비판과 성찰의 시선으로 바라보고 있다.

2.
생명성은 모든 생명체가 살아가고자 하는 의지의 표명이다. 그 대상인 자연과 인간 존재의 존재성을 드러내는 일이기도 하다. 흔히 고금의 많은 시인들은 자연의 생태적인 특징을 시 속에 끌어들여 자연의 아름다움과 척박한 환경에서 살아가면서도 끈질긴 생명력을 보여준다. 인간 또한 자연과 마찬가지로 어떠한 시련에서도 이를 극복하며 보다 나은 삶을 지향한다.

더불어 생태학적 상상력의 시편들은 주로 '꽃'을 시적 제재로 삼아 꽃이 지닌 생명성을 인간의 삶에 대입시켜 시인만의 상상력을 발현하고 있다. 이때 시인은 주로 전자의 경우보다 후자의 시세계를 형상화시키고 있다. 형이상학적 시세계를 드러내는데 주력하고 있어 높은 지경의 정신세계를 지향하는 면모를 보여주고 있다.

　　　　교문을 나서던 그날처럼
　　　　줄지어서 피었다

　　　　파도가 출렁이는 바닷가
　　　　기지개를 켜는 산기슭
　　　　돌담 집 울타리 밑
　　　　집에 가는 길가에 노랗게 피었다

　　　　가다보면 피어있고 고개 들면 보이는 꽃

꽃을 달았다
선생님도 부모님도
서울사람도 땅 끝 사람도
안산에서 팽목항까지

삼백네 그루

돌아오너라!
돌아오너라!
해마다 개나리꽃 피듯이

잊지 않고 기다릴게
개나리꽃 피어라

팽목항 개나리꽃들
언제까지 피어라.
- 「팽목항 개나리꽃들 – 개나리꽃」 전문

서정시는 기표 이면에 기의를 숨겨놓는다. 이 작품에서 내세운 기표는 '개나리꽃'이다. 시적 배경은 2014년 4월 18일 전남 진도군 조도면 병풍도 인근 해상에서 일어난 해양사고이다. 제주도 수학여행을 가다가 희생된 안산고등학교 학생들과 승객 299명이 목숨을 잃었다. 안타깝게도 대부분의 승객은 안산고등학교 학생들이다.

이 작품은 세월호 침몰사건이 발생한지 오랜 세월이 흐른 시점에 써졌다. 그러므로 현재 시점에서 과거를 바라보는 형식을 취하고 있다. "교문을 나서던 그날처럼/줄지어서 피었다"고 한다. 뿐만 아니라 "집에 가는 길가에 노랗게 피었다"고도 한다. 꽃피움의 대상은 '개나리꽃'이다. '개나리꽃'의 기표는 세월호에 탔다가 끝내 돌아오지 못한 학생들을 함의한다. 죽은 학생들의 기표이면서도, 그들을 위로하는 시적 대상인 '개나리꽃'을 온 나라 사람들은 희생자들의 원통한 죽음을 기리고 잊지 않기 위해 "꽃을 달았다" 온 나라 사람들에게 충격과 슬픔, 그리고 공분을 일으킨 이 참사는 살아남은 사람들에게 엄청난 트라우마를 남겼다. 어린 학생들은 떠나갔지만, 그들이 다시 돌아올 수 없음을 잘 알면서도 "돌아오너라!"고 시적 화자는 외친다. 그리고 "잊지 않고 기다릴게/개나리꽃 피어라"라고 절규한다.

며칠째 개가 짖어 댄다
울먹이는 매화꽃을 보았나보다

초경 같은 꽃망울이 맺혔다

어머니 치마폭 같은 매화향이
현덕사 범종소리 따라 새인봉을 넘어가고

동적골 도랑물이 꽃잎 띄운
수반으로 변했다

이른 봄날, 동적골에는
매화꽃 아닌 것이 하나도 없다.
― 「잔향殘香만리 ― 동적골 매화」 전문

「잔향殘香만리」는 광주의 무등산 계곡에 있는 동적골에 핀 매화꽃을 시인의 해석으로 노래한 작품이다. 첫 연은 매우 함축적이다. "며칠째 개가 짖어댄다"고 하는 서술은 어떤 사건을 암시한다. 이 작품에서는 "울먹이는 매화꽃을 보았"을 것이라는 가정을 하고 있다. 시인은 의인화법을 통해 개가 '울먹이는 매화꽃을 보았나보다'라고 짐작하게 한다. 하필 인간이 아닌 개짖음으로 매화꽃의 존재를 알리는 것일까. 이는 매화꽃이 피고, 매화꽃 향기로움으로 가득한 동적골을 형상화시키기 위함이다. "이른 봄날, 동적골에는/매화꽃 아닌 것이 하나도 없다."는 시인의 상상력은 매화꽃의 향기로움으로 봄이 왔음을 알리는 것이 화자의 주된 메시지이다. "초경 같은 꽃망울" "매화향이" "현덕사 범종소리 따라 새인봉을 넘어가고" "동적골 도랑물"에 "꽃잎 띄"워져 있는 것 등은 매화꽃 향기 분분한 동적골의 봄날을 시각적 이미지와 청각적 이미지를 통해 그려낸 것이다. 봄날의 환희와 생명의 환호작약을 짧은 형식으로 잘 보여준다.

앞의 두 작품은 세월호의 비극성과 봄을 알리는 표지로서의 매화꽃을 통해 생명성을 상반되게 그려냈다. 즉 '개나리꽃'과 '매화꽃'이라는 봄에 일찍 꽃을 피우지만 시인의 상상력은 전혀 다른 해석으로 '꽃'이라는 기표 이면에 투사된 서사를 형상화하였다.

「접시꽃이 피던 날」은 '접시꽃' 뿌리와 장닭을 고와 주었더니 "손 귀한 집 마당 앞에/사내 아이 울음소리"가 들렸다고 함으로써 '접시꽃'이 생명의 근원이 되었음을 아낌없이 그려냈다. 특히 이 작품은 "손 귀한 집 마당 앞에" "접시꽃이" 핀 형상을 통해 '접시꽃'과 '사내아이'를 동일시하고 있어 눈길을 끈다. 그러나 「황무지에 휘날리는 깃발」에서는 '개망초꽃'을 '노동자' '청년'으로 은유화시키고, 더불어 '짓밟혀도 일어서'는 민초의 모습으로 의미화 하였다. 뿐만 아니라 "풍년을 희망하는 개망초꽃" "황무지를 지키"는 존재로 나타냄으로써 저항과 극복의 메시지를 담아냈다.

「배가 열렸다」에서는 시적 소재를 '배꽃'으로 취하였는데,

"십년 난임 부부도/배꽃밭에서 돌아와//둥그런/배가 열렸다." 고 한다. 즉 '배'는 과일의 열매이면서도 난임 부부가 아이를 잉태한 것으로 동일시하고 있다. 그러므로 시각적으로 '배'와 '임산부의 배'가 지닌 시각적 이미지 '둥그럼'이 생명의 표상이 되고 있다.

3.
   AI는 감정이 없다. 그러나 미래에는 인간의 감정을 표현할지 모른다. AI는 인간이 만든 기계일 뿐이다. 인간이 모여 사는 사회에서는 다양한 감정을 통해 자신을 드러내고 감정을 소통의 방식으로도 쓰인다. 그러므로 감정 또한 하나의 언어이다. 인간의 감정은 사랑하는 마음에서 표출하는 애틋함과 살가움, 그리고 분노와 슬픔 등 다양한 감정을 나타낸다. 그 중에서도 사랑의 감정은 인간이 살아가는데 가장 따스한 감각이다. 사랑은 온유, 연민, 때로는 슬픔의 감정을 지닌다. 그리고 그리움의 정서로도 나타낸다. 그렇기 때문에 인간의 공동체는 질서와 생명의식으로 더욱 끈끈해질 수 있는 것이다.
   인류의 문학사에서 '사랑'을 노래한 수많은 작품들이 쓰여졌고, 지금도 여전히 인간의 따스한 마음을 드러내는데 '사랑'이 기제가 되고 있다. 그 중에서도 '꽃'을 소재로 한 사랑의 시편을 많이 노래하는 까닭은 '꽃'이 부드럽고 형형색색으로 아름답기 때문일 것이다.
   특히 꽃을 소재로 한 시편이 많은 이번 시집에서는 시인 특유의 상상력을 통해 시적 감각과 메시지를 드러낸다.

     우리 서로에게 얼마큼 물들었을까

     얼마큼 몸을 섞어야

지워지지 않은 꽃물이 들까

지워지지 않는 지문이 될 수 있을까

첫 눈이 봄 눈의 옷을 갈아입고 난 뒤에야

우수의 비가 내린 밤이 지나가고
난 뒤에야

봉숭아꽃이 피었어

다음 생에도
너의 첫사랑으로 물들고 싶다.
　　　　　　－「너에게 물들고 싶다 - 봉숭아꽃」전문

　이 작품은 예로부터 전해오는 이야기를 시인 자신의 목소리로 상상력을 발현하고 있다. 담장 아래에 핀 봉숭아꽃잎을 찧어 열 손톱에 싸매어서 물들이면 첫사랑이 찾아온다는 말이 있다. 내 누님들도 그랬다. 그러므로 봉숭아꽃을 바라보는 처녀들의 시선은 애틋하고 간절할 수밖에 없다. 이러한 이야기를 배경으로 한 "얼마큼 몸을 섞어야/지워지지 않은 꽃물이 들까" 꽃을 피워내는 과정을 살펴본다. "첫 눈이 봄 눈의 옷을 갈아입고/난 뒤에야//우수의 비가 내린 밤이 지나가고/난 뒤에야//봉숭아꽃이 피었"다. 즉 봉숭아꽃이 아무런 시련없이 쉽게 피운 것이 아니라 춥고 눈 내린 겨울을 견디고, 비가 내린 밤이 지난 후에야 꽃을 피울 수 있었음을 상기한다. 이 작품은 시련을 극복한 후에야 만나는 사랑이야말로 진정한 사랑이라는 것을 노래하고 있다. 그런 까닭에 "다음 생에도/너의 첫사랑"이 되고 싶다고 한다. 더불어 "우리 서로에게 얼마큼 물들었을까"

라는 물음은 시적 화자와 봉숭아꽃이 진정으로 하나가 되는 일이 가치있고 의미있는 참된 사랑임을 말하고 있다.

    님아, 그 날처럼
    구이저수지에 겁 없이 달빛이 뛰어들까
    모악산 이슬 밭에 풀벌레 소리 내던 달맞이꽃 피었을까
    달맞이 꽃처럼 바라보던 우리가
    모악산 달빛처럼 저물고 있는 시간
    이제는 고백해도 될까

    님아, 그 날처럼
    그리움이 꽃이 된다는 전설을 지킬 수 있을까
    우리의 고백이 달맞이꽃처럼
    주름진 이마를 짚어주는
    사랑이 될 수 있을까
    내가 당신 뜰에서 피었다
    석양처럼 저물어 가고
    모악산 저수지의 달빛이
    그리움이 되는 날
    우리 달맞이꽃으로 피어
    먼 데를 바라볼 수 있을까.
                   -「님아, 그 날처럼 - 달맞이꽃」전문

'달맞이꽃'을 시적 소재와 더불어 시적 대상으로 삼은 이 작품은 달맞이꽃이 지닌 의미를 시 속에 차용하여 변용하고 있다. '님'은 시적 화자가 바라보는 대상으로, 화자는 시적 대상에게 "~을까"라는 어미가 말해주듯 시종 물음을 던지는 형식을 취하고 있다. 이 작품에서 "그 날"은 "구이저수지에 겁 없이 달빛이 뛰어들"었던 일이다. 즉 달빛이 저수지를 비추는 밤이다. 달맞이꽃은 이름이 말해주듯 달만 바라본다. 그러므로 달을 사모하는 꽃이 달맞이꽃이다. 달빛이 내리는 모악산에 이슬이 내리고 풀벌레가 우는 밤, 달맞이꽃이 피었을 것이다. 그런 밤 사랑하는 이와 한때를 보낸 화자는 "이제는 고백해도 될까"하고 고백을 한다. 그 고백은 "내가 당신 뜰에서 피었다 석양처럼 저물어" 가기를 바라고, "우리 달맞이꽃으로 피어 먼 데를 바라볼 수 있"기를 염원하는 것이다. 즉 달맞이꽃과 달이 서로 바라보는 것처럼 서로를 그리워할 수 있기를 소망한다. 이 작품에서의 사랑은 그리운 사람과 함께 하는 사랑이라고 할 수 있다.

이밖에 사랑을 노래한 시편으로는 「붉은 흉터 자리」가 있다. 이 작품은 전해오는 이야기처럼 만나지 못하는 사랑을 파헤치고 있다. 시적 화자는 "만나지 못하는 사랑 하나 있었지"라고 고백한다. 꽃과 이파리가 함께 자라지 못해 꽃피운 후 이파리가 자라는 상사화의 생태를 '붉은 흉터'로 표현하고 있는데, 서로를 그리워했던 화자의 지나간 사랑을 형상화하고 있다.

튤립꽃을 소재로 한 「환상」은 튤립꽃의 이미지를 "황진이 치마폭"으로 비유하고 있다. 치마폭을 펼치자 "사내들이 몰려왔다" "그녀의 입술이" "바닷가에서 술렁거린다" "끈 풀린 속적삼" 등에서 알 수 있듯 에로티시즘적 감각으로 그렸다. 그러자 "십 년을 면벽수행한 지족 선사도/마침내 선방에서 뛰쳐나왔다"며 다소 과장된 화법을 구사하였지만 '황진이 치마폭' '끈 풀린 속적삼'으로 표현하여 작품의 메시지를 선명하게 구현하고 있다.

「당신을 향해 피운 꽃」은 "생을 바쳐 이룬 작은 연못에" "오욕에 물들지" 않은 것의 상징인 연꽃의 향기로움을 통해 품격 있는 꽃으로 형상화시켰다.

4.

　조선시대에 억불숭유정책으로 사찰들은 대부분 산속으로 들어갔다. 그럼에도 불구하고 민간에서는 부처를 영험한 힘을 가졌다고 믿었다. 많은 전설에서도 시주 온 스님을 박대하여 벌을 받았다는 이야기가 많다. 이처럼 우리나라에서는 불교를 탄압하던 시대에도 불교를 구원의 대상으로 삼았다. 이처럼 민간에서는 불교에 대한 생각이 각별하였음을 알 수 있다. 이경은 시인 또한 산중의 절간에 출입하는 사람으로 부처님에 대한 믿음이 유난하다. 사람의 정체성을 이루는 총체성은 그 사람의 삶에서 연유하기 마련이다. 불교적 사상이 이경은 시인의 총체성의 일부를 차지하고 있기 때문에 그의 사고思考와 행동에는 불교적 상상력이 작용하기 마련이다. 당연히 그의 시에서도 불교적 세계관이 투사되어 있다. 이런 까닭에 그의 작품은 시적 배경이 사찰이거나 불교와 관련된 것이 많다.

　　　돌담은 왜 그리 높은가
　　　지붕은 왜 그리 넓은가
　　　범종은 왜 그리도 무거운가

　　　산문 밖 그리움 막으려 했구나
　　　마디마디 옹이진 사연 돌아 앉으려 했구나
　　　이고 지고 온 짐들 벗어 놓고 오라 했구나

　　　세상만사 번뇌를 버리라고 했는가
　　　얽히고설킨 인연 끊으라고 했는가

　　　세상과 한 발 멀어 조용하고 싶어 했는가
　　　세상보다 한 뼘 깊어 보이려 했는가

눈빛 휘둥그런 소녀의 합장도
술 젖은 설법으로 침을 튀기는 처사도

고춧가루 삼킨 삿대질을 일삼는 보살도
마른침 삼켜 침묵을 달래는 공양주도

업장의 성적표 부처님 앞에 올려놓고
절간에 와서 고하라고 했는가
뜬구름 고인 마당 안에 들라 하였는가.

-「절간」 전문

  서정시에서 장소성 및 공간성은 그것이 지닌 고유함을 나타낸다. 이 작품에서의 공간성은 절간이 함의하는 여러 가지 질문이 배태되어 있다. 즉 "돌담은 왜 그리 높은가/지붕은 왜 그리 넓은가/범종은 왜 그리도 무거운가"라고 의문형 질문을 이끈다. 이러한 질문은 "산문 밖 그리움도 막으려 했구나/마디마디 옹이진 사연 돌아 앉으려 했구나/이고 지고 온 짐들 벗어놓고 오라 했구나"라고 대답을 하게 된다. 대구형對句形으로 질문하고 대답하는 형식이다. 불교라는 종교가 무엇인지를 묻고 스스로 답을 구하는 형식의 이 작품은 불교의 형식을 나타내는 '절간'이 지닌 공간성에 대한 구체적인 의미를 보여준다. 그런 까닭에 '절간'으로 형상화시킨 불교라는 종교의 정체성을 묘파하고 있다. 실질적으로 산중에 많이 있는 불교사찰은 세속적 번뇌를 버리는 곳, 세상과는 거리를 둔 공간이면서도 "세상보다 한 뼘 깊은 곳"이다. 이곳에는 소녀, 처사, 보살, 공양주 등 세속의 사람들이 자신의 업장業障을 부처님 앞에 올리기 위해 절간을 찾게 한다. 결과적으로 인간이 절간을 찾는 일은 자신의 삶을 제대로 살아가고자 하는 휴머니즘적인 관점이 작용하기 때문이라는 것을 말하고 있다.

「진순이네 집」은 신앙의 주체가 인간이 아니라 절간의 짐승인 개가 되고 있어 이채롭다.

> 모시적삼에서 매미 날개 펴는 소리가 났다
> 누구도 그의 목소리를 들어본 사람이 없다
> 묵언수행 중임을 짐작할 뿐이다
>
> 표고버섯 같다고 하는 사람도 있고
> 우산을 펼쳐 놓은 모습이라고도 생각하는
> 적단풍나무 아래 그녀가 산다
>
> 범종소리가 새벽안개를 일으키는
> 도랑을 씻겨내는 목탁소리 위에 이슬이 내리는
> 반송나무 살결이 매끄러운 뜰이 넓은 집
>
> 능소화가 까치발로 그리움 삭혀내는
> 후원보살도 시자보살도 지혜보살도 목소리 낮아지는
> 무심한 눈빛에 부처님도 빗장을 푸는
> 묵언보살 진순이가 사는 집
>
> 삼시세끼 반야심경 공양을 삼아
> 세상 업보 풀어내어
> 회향을 기다리는 집.
>
> —「진순이네 집」 전문

절간에 스님들이 키우는 개 한 마리, 이름이 진순인 것을 보면 암컷인 것 같다. 개는 짓는 것 말고 어떤 소리도 내지 않는다. 시적 화자는 묵언수행한다고 짐작한다. '진순이네 집'이라고 부르는 것으로 보아 시적 화자가 개를 스님들과 동격으로 보는 시선을 알 수 있다. 새벽 안개 속에 스님들의 예불에 목탁소리가 청아하다. 이러한 환경에서 살아가는 진순이는 하루 종일 말이 없다. 이러한 진순이를 지켜본 시적 화자는 진순이를 묵언보살이라고 부른다. 진순이네 집은 "세상업보를 풀어내어 회향을 기다리는 집"이다. 지금껏 쌓은 공덕을 중생에게 돌려서 구호를 기다리는 집, 진순이네 집은 구원의 집이다. 스님들이 수행하는 공간을 "세상 업보 풀어내어/회향을 기다리는 집." 절간을 한낱 무심한 짐승의 집이라고 하는 시적 화자의 마음을 통해 스님들과 짐승인 개가 동일성을 이루고 있어 인상적이다. 개를 개라고 하지 않고 묵언보살로 인식하는 시적 화자의 깊은 불심이 빛을 발하고 있다.

이밖에 불교적 세계관을 드러내는 작품 「도라지꽃이 불경일 때가 있다」에서는 가야산 능선에 핀 도라지꽃밭에서 스님이 경을 외우고 시적 화자는 도라지꽃을 꺾어 극락전 안으로 들어서는 모습을 그리고 있다. 부처님이 좋아할 것 같은 마음을 읽는 시적 화자에게, 그러므로 도라지꽃은 경전으로 보인다 하고 있다.

「그 향기로 일어서는」은 그저 청류암 풍경을 보여주고 있을 따름이다. 길게 뻗은 은행나무가지, 새벽에 일어난 새들의 지저귐, 대웅전 가득한 옥잠화 향기, 세수하는 청설모, 이슬을 털고 암자에 오른 보살은 아침밥을 짓는다. 그리고 옥잠화 튀김이 밥상에 올라오자, 옥잠화를 먹은 입안이 향기롭다. 이렇듯 시인의 감정이 개입되지 않는 이 작품은 온갖 자연이 함께 어우러진 풍경을 통해 평화로운 모습을 보여준다. 불교신앙이 바라보는 지점이 바로 이러한 풍경일 것이다.

「不法 그리고 佛法」은 '不法'과 '佛法'의 동음이어 사이의 의미를 묘파한 작품이다. "내가 알기는 불법不法인데/당신은 자꾸 불법佛法이라" 한다고 전제하고, '不法'과 '佛法'을 논함으로

써 결국 부처님의 말씀을 이야기한다.

5.
　광주민주화운동이 한창이던 1980년대에 송수권 시인은 필자에게 "오늘처럼 금남로에 최루탄 냄새가 질퍽한 날 길거리에 나가야 하는가? 아니면 밀실에 들어가 서정시를 써야 하는가?"라고 물은 일이 있다. 그 무렵 그는 현실참여 시집 『아도』를 쓰고 있었다. 폭력이 난무하는 시대에 시인이 어떠해야 하는지를 모를 리 없는 송수권의 이른바 "시인은 현실을 반영해야 한다". 사례는 시인의 현실참여를 말한다. 전통서정시를 쓰는 시인일지라도 현실의 폭력이나 사회적 사건 앞에서는 그것을 외면해서는 안 된다. 시인은 낮고, 외롭고, 가난한 사람들의 삶은 물론, 우리 사회를 아프게 하거나 힘들게 하는 다양한 사건에도 특유의 촉수를 들이밀고 인간의 위의를 옹호하는데 힘써야 한다. 그것이 시인의 운명이며 책무이기 때문이다.
　이경은 시인의 이번 시집의 한편에는 불편한 현실을 풍자하여 비판하는 시편들이 있다. 그의 목소리는 정의로움과 인간다움의 메시지를 담아내고 있다. 대부분 서사구조의 형식을 통해 비유의 수사로 진실에 다가가고자 하는 욕망이 엿보인다.

　　　바짝 마른 여자와
　　　코가 붉고 배가 불룩 나온 남자가 이혼을 했다

　　　언젠가는 죽일 놈의 사랑도 했겠지
　　　함께 돌탑도 쌓았을 것
　　　냄새나는 돈만도 못했던 사랑

　　　오포세대 칠포세대
　　　결혼을 포기하고

> 자녀를 포기하고
> 사랑도 포기한
> 젊은이들의 현실 앞에서
> 뉴스는 이들의 이혼을 자랑질한다
>
> 무엇을 포기해야 했을까
>
> 그러니까
> 거액의 위자료…………
> 이 부부가 우리들에겐 유책사유자다.
>
> ―「유책사유자」 전문

　시인은 사회적 현상을 촉수를 통하여 재빨리 발견하는 사람이다. 가난 때문에 사랑하는 사람들이 이혼했거나 청년들이 결혼을 포기하고, 자녀를 포기하고, 사랑마저 포기하는 일이 갈수록 빈번해지는 현상을 그들은 자신들의 문제라고만 생각한다. 그러나 대학을 졸업하고도 취업이 힘든 우리 사회의 병리적 징후들로 인해 청년들이 결혼을 포기하는 경우가 다반사이다.
　현실이 개인의 삶을 좌지우지 지배하는 세상이 된 것에 대해 시인은 그 원인이 개인에게도 있지만, 근본적으로는 그런 사회로 방치한 우리 사회의 지도자들의 책임이 크다고 진단하고 있다. 가령, 한때는 사랑을 하여 결혼하였지만, "냄새나는 돈만도 못했던 사랑"이라는 시행처럼 결국은 가난한 현실 때문에 사랑이 파국에 이르는 모습을 근원적으로 묘파하고 있다. 청년들도 돈 때문에 자신의 삶의 많은 것들을 포기하고 있음을 지적하고, 이러한 현실을 야기시킨 국가를 유책사유자임을 규명한다.
　다음의 「여우와 두루미의 합창」은 국가의 최고 권력자 부부를 우화寓話 형식을 빌어 풍자하고 있다.

  여우는 두루미의 날개 위에 올라탔다
  저 아랫것들을 몽땅 요리해 보리라

  무당의 푸닥거리 밥상에 길들여진 여우는
  노동자의 눈물과 버림받은 노인과 배고픈 청년과 장애인의 고통과 예술가의 붓을 꺾어
  성형과 개명과 조작과 위조와 뇌물로 사들인 식재료를 두루미에게 주었다

  두루미는 강한 부리로 큰 식탐을 위한 한상 차림을 꿈꾸었다
  오백원짜리 동전 앞에 새겨진 명성과
  천연기념물로 등록된 위세와
  큰 덩치의 위협으로 위엄도 세워보지만
  경중경중 뚜루루루 경중경중 뚜루루루 소화가 어렵다

  여우와 두루미는 칼 잘 쓰는 요리사를 고용하기 시작했다
  못하는 요리가 없다
  뒤집고 지지고 볶고 굽고 삶고 다지고 주무르고 튀기고 썰고 자르고 데쳐서 내팽개치기도 한다

  피식피식 후루루루 피식피식 후루루루 헛방귀가 잦다

  한강의 물고기들을 다 잡아 가려고 한다.
         - 「여우와 두루미의 합창」 전문

 흔히 '여자'를 빗대어 말할 때 '여우'라고 말하는 사람들이 있다. '영특하다' '꾀가 많다'는 의미로 쓰여지는데, 이 작품에서는 '간사하고 잔재주가 많다'는 부정적으로 사용되고 있다.

"여우는 두루미의 날개 위에 올라탔다"에서 여우가 두루미의 등에 올라탔으니 날지 못하는 여우에게 날개를 붙여준 셈이다. "저 아랫것들을 몽땅 요리해 보리라"는 여우의 잔꾀는 "노동자의 눈물과 버림받은 노인과 배고픈 청년과 장애인의 고통과 예술가의 붓을 꺾"는 요사스러운 짓을 한다. "무당의 푸닥거리 밥상에 길들여진 여우" "성형과 개명과 조작과 위조와 뇌물"이 암시하는 것은 온 나라를 들썩이는 일련의 국정농단을 연상시킨다. 두루미는 "강한 부리로 큰 식탐을 위한 한상 차림을 꿈꾸"는 존재로 "큰 덩치의 위협으로 위엄도 세워보지만" "소화가 어렵다". 이 작품에서 여우와 두루미는 우리가 현실에서 만나는 권력을 남용하는 자들의 모습이다. 그들은 자신들의 헛되고 부질없는 욕망을 채우기 위해 "칼 잘 쓰는 요리사를 고용"했다. 이솝의 우화를 보는 듯한 이 작품은 '한강'으로 상징되는 '나라'의 "물고기들을 다 잡아 가려고 한다." 구체적으로 여우와 두루미가 누구인지를 밝히고 있지 않지만 그것들의 기표 뒤에 숨은 기의의 의미를 잘 떠오를 수 있게 하여, 권력자의 어리석은 욕망을 비판적인 목소리로 풍자하고 있다.

　현실의 이면을 예리한 시선으로 바라보고 있는 작품 중에 「벌거벗은 임금님」은 옛 이야기의 형식을 가져와 권력자가 자신의 부끄러움을 깨닫지 못하고 있는 모습을 그려내고 있다. 이 작품에서 시적 화자는 "정신이 돌아오거든/한 말씀만 해 주시라/임금님은 거울도 안 보고 사느냐고," 묻는다. 권력자인 임금님은 제 정신이 아니어서 자신의 부끄러움을 인식하지 못하고 있는데, 거울에 제 모습을 비추어 어떤 모습을 하고 있는지를 깨닫기를 충고하고 있다.

　「피노키오 코에 촛불을」 또한 앞에서 살펴본 작품들과 궤를 같이 하고 있다. 여기에서는 '여우와 고양이'가 시적 대상이다.

그들은 "자유와 공정을 훔쳐/인형의 콧대 위에서 놀며/발광"을 한다. "자유와 공정"을 훼손한 자들의 위선을 고발하면서, "컨닝으로 차지한 학위" "무당을 불러들"인 행위는 이들이 살아가는 방식이 올바르지 못함을 드러내고 있다. 이들을 시적 화자는 '피노키오'로 나타내는데, 주지하다시피 거짓말을 하면 코가 길어지는 피노키오에 빗댄 것은 거짓말을 일삼고 있어 진실하지 못함을 비판하고 있다.

「가당키나 하는 일입니까」는 시제에서부터 시적 화자의 격한 감정이 느껴진다. 이 작품은 우리 사회의 상황을 드러내고 있다. 딩크족, 욜로족, 서울집값, 아이 대신 개 입양, 개판이 함의하는 것은 결혼하지 않고 혼자 사는 사람들, 결혼했어도 아이를 낳지 않는 세태, 서울에서 집을 사는 사람만이 능력자라는 우리 사회가 매긴 인간의 가치들은 지금까지 볼 수 없었던 왜곡된 현상들이다. 이러한 우리의 모습에 시적 화자는 "가당키나 하는 일입니까" 하며 비판적인 목소리로 감정을 드러내고 있다.

꽃들에게 길을 묻다

2024년 11월 10일 인쇄
2024년 11월 15일 발행

지은이 이경은

펴낸이 강경호 편집장 강나루 디자인 정찬애
펴낸곳 도서출판 시와사람
등록 1994년 6월 10일 제 05-01-0155호
주소 광주시 동구 양림로119번길 21-1(학동)
전화 (062)224-5319   E-mail jcapoet@hanmail.net

ISBN 978-89-5665-746-2   03810

값 12,000원

＊잘못된 책은 구입하신 서점에서 바꾸어 드립니다.
＊이 책은 광주문화재단 예술육성지원사업에서 제작비를 지원받았습니다.

이 도서의 국립중앙도서관 출판예정도서목록(CIP)은
서지정보유통지원시스템 홈페이지(http://seoji.nl.go.kr)와
국가자료종합목록 구축시스템(http://kolis-net.nl.go.kr)에서
이용하실 수 있습니다.